GALERIE UNIVERSELLE

DES HOMMES QUI SE SONT ILLUSTRÉS

DANS L'EMPIRE DES LETTRES,

DES GRANDS MINISTRES,

DES HOMMES D'ÉTAT LES PLUS DISTINGUÉS,

ET DES FEMMES CÉLÈBRES,

Depuis le commencement du Monde jusqu'à nos jours;

Ornée de leurs Portraits :

DÉDIÉE ET PRÉSENTÉE AU ROI.

Prix 4 livres.

N°.

C'est en les comparant qu'on peut mieux les connoître.

A PARIS,

Chez { L'AUTEUR, M. le Comte DE LA PLATIÈRE, en son Hôtel, rue Mesléé, n°. 58.
{ GODEFROY, Libraire, Quai des Augustins.

M. DCC. LXXXVIII.

Avec Approbation, & Privilège du Roi.

GALERIE
UNIVERSELLE.

A MESSEIGNEURS
LES MARÉCHAUX
DUC DE NOAILLES
ET
DUC DE MOUCHY,
Chevaliers des Ordres du Roi, &c. &c. &c.

MESSEIGNEURS,

Le Grand Homme dont j'ai l'honneur de vous dédier la Vie, fut tout à la fois intrépide dans les combats & sage dans les conseils : courtisan sans bornes, on le vit sans envie l'ami de son Roi & le

*protecteur des gens de bien. Héritiers de sa gloire &
de sa noble urbanité, je devois, MESSEIGNEURS,
vous faire l'hommage de ma vénération profonde pour
lui : rien n'y peut être comparé que le respect infini avec
lequel je suis,*

MESSEIGNEURS,

Votre très-humble & très-
obéissant serviteur,
LE COMTE DE LA PLATIERE.

ADRIEN-MAURICE, MAR.ᵃˡ DUC DE NOAILLES

GALERIE UNIVERSELLE.

LE MARÉCHAL DE NOAILLES.

> Noailles pour son Roi plein d'un amour fidele,
> Voit la France en son Maître, & ne regarde qu'elle.
> VOLT. *Poëme de Fontenoi.*

Adrien-Maurice, Duc de Noailles, Pair & Maréchal de France, Grand d'Espagne de la premiere Classe, Chevalier de l'Ordre du Roi & de la Toison d'Or, premier Capitaine des Gardes-du-Corps, & Gouverneur de la Province du Roussillon, naquit à Paris en 1678, d'Anne-Jules de Noailles, Pair & Maréchal de France, & de Marie-Françoise de Bournonville. Il étoit le cinquieme de vingt-un enfans.

Avoir des ancêtres illuſtres, c'eſt contracter avec l'Etat l'obligation de le devenir ſoi-même. Le Duc de Noailles ſentit dès ſa plus tendre jeuneſſe la néceſſité que lui impoſoit le mérite de ſes aïeux : & pouvoit-il mieux faire que de les imiter ! Leurs vertus & leurs talens lui offroient des modeles dans tous les genres.

Dès l'an 1023, les Seigneurs de Noailles avoient déjà donné des preuves de cette générofité qui eſt devenue une vertu héréditaire dans cette maiſon. Hugues de Noailles, Chevalier (on ſait ce que c'étoit alors qu'un Chevalier), entreprit avec Louis IX le voyage de la Terre-Sainte ; il mourut dans cette expédition, & mérita d'être regretté d'un grand Roi.

On vit depuis ſucceſſivement Louis de Noailles ſe diſtinguer à la bataille d'Aignadel ; Antoine ſon fils marcher ſur les traces de ſon pere à celle de Cerifolles, & Henri de Noailles ſe couvrir de gloire dans les champs de Rocroi, où il perdit la vie.

Auſſi féconde en politiques qu'en guerriers, la maiſon de Noailles doit ſur-tout ſe glorifier d'avoir produit François, Evêque d'Acqs, tour-à-tour Ambaſſadeur à Rome, en Angleterre, à Veniſe & à Conſtantinople. Il ſe rendit recommandable dans chacune de ces Ambaſſades, & mérita d'être compté parmi les plus grands négociateurs de la France. Tels furent les perſonnages dont le Duc de Noailles réunit à la fois & les vertus & les talens.

Il eſt rare qu'un beau jour ne ſoit pas précédé d'une aurore brillante. Le Duc de Noailles qui porta quelque temps le nom de Comte d'Ayen, annonça, dès qu'il put s'exprimer, les diſpoſitions les plus heureuſes : il n'eut de l'enfance que ce qu'elle offre d'aimable.

La nature avoit fait en faveur du Duc de Noailles des efforts prodigieux ; mais il falloit les ſeconder. Son pere, auſſi éclairé que vertueux, s'empreſſa de faire éclore mille qualités, dont le germe paroiſſoit ſi fécond. Mais en aidant la marche du génie de ſon fils, il eut ſoin de ne pas la forcer.

De l'éducation du cœur dépend eſſentiellement celle de l'eſprit. On commença par donner au Duc de Noailles des leçons de bienfaiſance & d'humanité. Il fut facile de les lui faire aimer, en lui remettant ſous les yeux les actions de ſon pere & les vertus du Cardinal de Noailles ſon oncle. Des mœurs pures & auſteres, une piété guidée par la raiſon, beaucoup d'éloignement pour le faſte, de douceur dans le caractere, d'affabilité pour ceux qui avoient recours à lui, de charité pour les pauvres; enfin, d'attention à maintenir la discipline ecclésiastique, tant par ses exemples, que par les excellens réglemens qu'il fit, avoient rendu ce Prélat digne d'occuper le premier siege du royaume.

Destiné, par sa naissance, à remplir les emplois les plus importans, le Duc de Noailles se prépara de bonne heure à les mériter. Ce fut dans la retraite & loin de toute espece de plaisirs, qu'il s'instruisit à la fois de tout ce qui peut contribuer à former l'honnête homme & l'homme d'Etat. Il ne négligea pas non plus les connoissances de l'homme aimable. L'étude des belles-lettres & des arts agréables lui servoit de délassement au milieu de ses occupations sérieuses. Il croyoit, avec raison, que l'art de penser ne doit point exclure l'art de plaire.

Après avoir passé les premieres années de sa jeunesse dans les exercices les plus utiles, le Duc de Noailles se montra sur la scêne du monde; il en connoissoit les écueils, il sut les éviter. Réunissant aux lumieres de l'âge mûr les dehors séduisans du sien, il ne parut à la Cour brillante de Louis XIV, que pour en faire l'ornement & l'admiration. Son mérite, joint à la faveur du Prince, auroit dû susciter l'envie contre lui ; ses manieres obligeantes & sa modestie lui firent trouver des amis jusques dans ses rivaux.

Bientôt le moment arriva où le Duc de Noailles devoit mettre en action les principes de son éducation. Son pere est appellé en Catalogne pour faire le siege de Roses : à peine âgé de quinze ans, il vole sur ses pas. La fatigue n'est pour lui qu'un jeu ; son courage lui prête des forces. Roses est prise presqu'aussi-tôt qu'attaquée ; & ce succès devient en partie son ouvrage.

La campagne suivante fut encore plus glorieuse pour lui : le Maréchal de Noailles, en dirigeant l'attaque de Palamos, de Gironne, d'Ostalric & de Castel-Follit, & en moissonnant des lauriers sur les rives du Ter, ne trouva pas moins de ressources dans le bras de son fils que dans celui du soldat le plus aguerri. Telles furent les premieres leçons que reçut, ou plutôt que donna le Duc de Noailles sous les ordres de son pere. Le Duc de Vendôme, digne par ses talens & son humanité d'être le petit-fils de Henri IV, fut un des modeles qu'il se proposa par la suite.

La bravoure du Duc de Noailles avoit commencé sa réputation : sa prudence, dans un âge où l'indifcrétion paroît souvent un mérite, ne fit que l'affermir. Louis XIV, qui avoit le coup-d'œil juste, sut apprécier de bonne heure tout ce qu'il valoit, & se réserva de l'employer dans les circonstances les plus délicates. L'occasion ne tarda pas à s'en présenter. Le Duc d'Anjou étoit sur le point d'aller, sous le nom de Philippe V, occuper le trône d'Espagne, auquel le testament de Charles II l'avoit appellé. Il entroit dans les vues de la Cour de France de connoître les véritables sentimens de la Nation Espagnole pour le nouveau Roi ; le Duc de Noailles fut regardé comme l'homme le plus propre à les pénétrer. Parmi plusieurs Seigneurs François destinés à embellir la Cour du jeune Monarque, on le choisit pour être le dépositaire des secrets de l'Etat. Sa conduite ne mit point en défaut la confiance de Louis : occupé en apparence de fêtes & de plaisirs, il n'eut jamais l'air moins observateur que quand il observa davantage. Les Espagnols ne pouvant présumer que la politique eût emprunté les traits de la jeunesse & de la dissipation, ne penserent point à se déguiser, &, pour la premiere fois peut-être, se laisserent deviner. Le Duc de Noailles sut adroitement profiter de leur bonne foi pour approfondir leur génie, saisir leur caractere, leurs mœurs & leur façon de penser, & découvrit qu'en effet *il n'y avoit plus de Pyrénées*.

Mais, quelque sincere que pût être alors l'attachement des Espagnols pour la France, il eût peut-être été plus avantageux pour elle qu'une si belle union ne se fût point formée. En excitant l'envie de toute l'Europe, elle lui suscita la guerre la plus malheureuse, quoique la plus juste, que Louis le Grand eût jamais essuyée. Déjà l'incendie commençoit à s'allumer de toutes parts : déjà l'Empereur, l'Angleterre & la Hollande venoient de se liguer contre les deux Rois alliés. Le Duc de Noailles, qui cessoit d'être nécessaire en Espagne, abandonne Madrid, & se rend en Allemagne à la tête de son régiment. La bataille de Frédelinghen, gagnée par le Maréchal de Villars, devient pour Adrien une nouvelle source de gloire.

Les entreprises difficiles lui furent toujours réservées. Louis XIV apprend que les Catalans se sont révoltés : Noailles est rappellé de l'Allemagne pour aller commander en Chef dans le Roussillon les troupes qu'on y faisoit marcher. Jamais Général ne se vit dans une position plus critique : obligé de soutenir à la fois les intérêts de deux puissances, dont il ne recevoit que de foibles secours ; & retranché dans un pays ravagé & dénué de toute espece de ressources, le Duc de Noailles trouva le moyen de faire subsister son armée, d'augmenter le nombre de ses troupes, & de triompher des rebelles. Ce fut pendant le cours de cette expédition qu'il s'empara de Puy-Cerda & de toute la Cerdagne, & qu'il y fit construire une citadelle aux dépens de cette Province.

On voit presque toujours les événemens malheureux se succéder : Adrien est vainqueur des Catalans ; mais un ennemi plus redoutable menace sa patrie. L'Anglois a fait descendre dans le port de *Cette* une flotte considérable, & seme l'épouvante dans le Languedoc & dans la Provence. Cette nouvelle parvient au Duc de Noailles : sans autres ordres que ceux qu'il reçoit de son zele, il rassemble ses troupes, quitte la Catalogne, vole à l'ennemi, le joint, le combat & le force de se rembarquer. De pareils traits n'ont pas besoin d'éloges.

Les revers que la France éprouvoit alors, & qui n'avoient d'autre cause que l'élévation de Philippe V sur le trône d'Espagne, commençoient à faire repentir Louis XIV de l'y avoir placé : il se repentoit davantage encore

encore d'avoir voulu l'y maintenir. Peu s'en fallut que l'aïeul ne fe crût forcé, par le confeil de quelques Miniftres, à fournir des fecours pour faire détrôner fon petit-fils. Le Duc de Noailles, dont le génie pénétrant favoit tout prévoir, fentit & fit fentir au Monarque François les fuites humiliantes d'une pareille conduite. Il parla avec chaleur; la fierté de Louis fe réveilla; & la France conçut, pour la feconde fois, le projet d'être l'appui du Roi d'Efpagne.

Philippe, redevable de fon trône au Duc de Noailles, ne tarda pas à lui avoir de nouvelles obligations. Perfonne n'ignore la prife de Gironne; elle influa trop alors fur les affaires du temps, pour qu'elle ne foit pas confacrée dans les Faftes de la nation. Il eft peu d'exemples d'une bravoure femblable à celle que montra le Duc de Noailles dans cette occafion. Tout paroiffoit s'oppofer à fes defleins; la faifon étoit rigoureufe; & pendant que fon canon foudroyoit les murs des ennemis, des pluies confidérables inondoient les travaux, & des débordemens continuels interrompoient la communication des quartiers; la nature, en un mot, fembloit avoir confpiré contre le Duc de Noailles. Aucun obftacle ne l'étonne, il les franchit tous; la place attaquée vivement eft

B

emportée d'assaut; & le fier Catalan soumis, rentre enfin sous l'obéissance de son maître. Le soldat victorieux est presque toujours cruel: les troupes du Duc de Noailles, en entrant dans la ville, vouloient sévir encore, & faire supporter aux vaincus toutes les horreurs de la victoire. Adrien les retint, & se fit plus d'honneur de sa clémence que de son triomphe. Tel fut l'événement qui affermit de plus en plus le trône de Philippe, & prépara la paix qui fut assurée à l'Europe par le fameux traité d'Utrecht.

Il est des services que les Souverains sont dans l'impuissance d'acquitter; ceux que le Duc de Noailles rendit au Roi d'Espagne, étoient de cette nature: aussi Philippe, en lui accordant la *Grandesse*, prétendit moins le récompenser que lui donner un gage de son estime & de sa reconnoissance. Il étoit revêtu de cette dignité lorsqu'il revint en France. Louis XIV, qui revoyoit en lui le soutien de deux couronnes, le reçut avec transport, le combla de bienfaits, & lui donna bientôt de nouvelles marques de confiance. Noailles avoit dans le génie des ressources infinies: il fut un de ceux à qui le Roi s'adressa pour réparer les torts que la guerre avoit causés; mais ce Prince n'eut pas le temps de profiter de ses conseils; la mort l'enleva lorfqu'il s'occupoit férieufement des moyens de faire le bien de fon royaume.

Un foible enfant lui fuccédoit; & cependant l'Etat étoit accablé de dettes; le commerce languiffoit; la campagne reftoit fans culture, & toute efpece de circulation étoit interceptée. Quelques particuliers, abreuvés du fang de la patrie, poffédoient feuls des richeffes immenfes, & voyoient d'un œil fec couler les larmes des malheureux. Telle étoit la fituation de la France, lorfque Philippe d'Orléans prit en main les rênes du Gouvernement. Le Régent, capable en même temps de concevoir de grands projets & de les exécuter, s'empreffa de faire ceffer les fecouffes violentes qui ébranloient l'Etat: mais pour y parvenir, il falloit des forces réunies; les remedes devoient être fans nombre comme les maux.

Il eft impoffible que celui qui gouverne agiffe toujours par lui-même: fon grand art eft de favoir choifir des hommes qui puiffent le feconder dans fes opérations. Cet art étoit celui de Philippe. Noailles, par fes lumieres & fon intégrité, méritoit d'être affocié à fes travaux: il le fut; & quand on établit un Confeil des Finances, il en fut nommé Préfident. Il fe crut dès-lors obligé de s'inftruire de plus en plus dans une partie, dont le mauvais état avoit befoin d'une prompte guérifon. C'étoit de lui qu'on l'attendoit : mais il ne voulut l'entreprendre qu'après avoir remonté jufqu'à l'origine de nos maux : plus d'une caufe les avoit produits. Une multitude d'emprunts, d'impofitions & d'Offices de toute efpece nouvellement créés, des monumens élevés au fafte & à l'oftentation, des guerres multipliées, la révocation de l'Edit de Nantes, qui, en ôtant à la patrie des citoyens, lui enlevoit en même temps une foule de perfonnages illuftres & d'artiftes utiles ; enfin, l'exceffive fortune & l'avidité des traitans qu'on laiffoit s'engraiffer aux dépens du Public, fous le prétexte qu'ils pouvoient devenir néceffaires dans des momens urgens ; telles étoient les fources malheureufes du dépériffement de nos finances.

Ce fut dans une Affemblée extraordinaire, tenue en 1717, où Philippe convoqua tous les Grands de l'Etat, que le Duc de Noailles préfenta avec force les différens abus qu'il venoit de découvrir, & qu'il propofa les moyens de les détruire : il y porta, le même jour, les vœux de la nation, en demandant que la taille réelle fût fubftituée à l'arbitraire. On applaudit généralement à un projet conçu par la vertu, pour le bien de l'humanité. L'Abbé de Saint-Pierre, connu si avantageusement par ses Annales politiques, lui en avoit fourni l'idée.

Le Duc de Noailles ne quitta la Présidence des Finances que pour accepter une place de Conseiller au Conseil de Régence. Le Cardinal Dubois fut aussi admis à ce Conseil. Le jour qu'il y fut introduit par le Régent, les Ducs & les Maréchaux de France, à qui il contestoit le droit de préséance, ne voulurent point s'y trouver. Le Duc de Noailles l'ayant rencontré, lui dit: *Cette journée sera fameuse dans l'Histoire, Monsieur; on n'oubliera pas d'y marquer que votre entrée au Conseil en a fait déserter tous les Grands du Royaume.*

Les finances paroissoient alors se rétablir, & la France commençoit à oublier ses revers & à jouir de quelque tranquillité, lorsqu'un événement imprévu vint à la fois renverser toutes les têtes & les fortunes. Le système de Law fut cause d'une révolution si subite: il étoit spécieux & nouveau; c'en étoit assez pour qu'il séduisît les François, dont la plupart ne savent rien approfondir, & n'aiment jamais que ce qu'ils ne connoissent pas. Les Grands, le Peuple & le Régent lui-même en parurent enthousiastes. Le preſtige avoit moins d'empire ſur l'eſprit du Duc de Noailles ; il blâmoit en ſecret ce que tout le monde admiroit hautement : bientôt il eut le courage de le dire, & l'exil fut la récompenſe de ſon zele.

Si ſa diſgrace étoit injuſte, elle fut utile à la Patrie. Il employa les loiſirs de ſa retraite à acquérir de nouvelles connoiſſances ſur la politique, l'hiſtoire & l'art difficile de la guerre où il ſe montra ſi ſupérieur. Sa préſence étoit trop néceſſaire à l'Etat pour qu'on ne s'apperçût pas promptement du tort que ſon abſence avoit fait. Il ne reſta dans ſon exil que le temps qu'il fallut pour laiſſer diſſiper l'ivreſſe : un rêve l'avoit cauſée, elle n'en eut que la durée. Law, preſqu'auſſi-tôt l'horreur que l'idole de la nation, fut obligé de quitter honteuſement un pays qu'il venoit de ruiner en voulant l'enrichir. Sa fuite amena le retour du Duc de Noailles.

Louis XV parvenu à la majorité, Philippe abandonna la Régence pour prendre le titre de premier Miniſtre, qui fut donné, à ſa mort, au Duc de Bourbon - Condé. Le Cardinal de Fleuri, homme d'une grande modération, ſuccéda à ce dernier. Enfin, après une paix de vingt années, pendant leſquelles chaque Puiſſance, qui avoit eu le temps de ſe repoſer de ses fatigues, vit en même temps fleurir le commerce & les arts, la mort d'Auguste II, Roi de Pologne, fit renaître dans l'Europe les malheurs & les dissensions inséparables de l'humanité.

La guerre ne fut pas plutôt déclarée, que le Duc de Noailles se signala par de nouveaux exploits. On le vit bientôt en Allemagne, commandant sous Berwick un corps séparé, prendre le fort de *Kell* & forcer les lignes *d'Etlingen*. Cette derniere action fut, peu de temps après, suivie du siege de *Philisbourg*, où le Maréchal de Berwick fut tué. Ce Maréchal, aussi brave Soldat que grand Capitaine, refusa l'appartement du Duc de Noailles, qui lui avoit été offert à Versailles dans le temps de l'exil de ce dernier.

Ce fut à *Philisbourg* que le Duc de Noailles obtint le Bâton de Maréchal de France. Toujours attentif à donner l'exemple de la subordination, il ne se fit aucune peine, malgré ses grades militaires, de servir sous les ordres du Maréchal d'Asfeld, son ancien. On lui donna, dans la même campagne, le commandement du haut & bas Rhin; il y affermit nos conquêtes, & contraignit l'ennemi d'abandonner la ville de *Worms*.

Un autre pays devint, l'année fuivante, le théatre de fa gloire. Ce ne fut pas feulement comme Général de nos troupes qu'il fe diftingua ; fes opérations, fes manœuvres habiles, & le foin qu'il eut de ménager le fang de nos foldats, en ménageant celui des ennemis, méritent fans doute les plus grands éloges : mais ce qui doit à jamais éternifer fa mémoire, c'eft la maniere adroite dont il fut fe comporter avec les Alliés ; la conduite qu'il tint alors peut être regardée comme un chef-d'œuvre de politique. Les Cours de France, de Sardaigne & d'Efpagne, unies entr'elles contre l'Empereur, furent divifées dès le commencement de la guerre par des motifs d'intérêt ; il eut l'art de les concilier. Cet événement qui nous rendit maîtres d'une partie de l'Italie, en faifant perdre à Charles VI prefque toutes les poffeffions qu'il y avoit, fut terminé par le paix de Vienne en 1736. Il fut auffi fuivi de la réunion de la Lorraine à la Couronne.

Si la mort du Roi de Pologne avoit caufé les plus grands troubles, celle de l'Empereur Charles VI, dernier Prince de la Maifon d'Autriche, devoit produire un embrafement total. On vit bientôt la France, l'Efpagne, la Baviere & la Saxe fe donner des mouvemens pour faire un Empereur. La France, contre

l'avis

l'avis du Maréchal de Noailles, fit marcher des troupes en Allemagne en faveur de Charles de Baviere, qui fut élu Empereur sous le nom de Charles VII, en 1741. Nos premiers efforts furent couronnés par des succès en Baviere & en Bohême; mais qu'étoient ces succès en comparaison des désastres affreux qui les suivirent? Ils furent si grands que la retraite de Prague, à laquelle il n'y avoit pas lieu de s'attendre, nous parut alors aussi avantageuse, que dans un autre temps le gain d'une bataille considérable nous l'eût été.

Du fond de l'Autriche, la guerre fut transportée sur les bords du Rhin. La France, que le Maréchal de Noailles avoit toujours sauvée des crises les plus dangereuses, lui confia le commandement de l'armée qu'elle envoya dans la Basse-Alsace en 1743. Elle lui remit en même temps le plein pouvoir de traiter avec l'Empereur & tous les Princes de l'Empire.

Ce Général se montra, dans cette campagne, supérieur à lui-même, quoiqu'il n'y fût pas heureux. Il commença par s'en rendre le maître; & s'il ne fut pas victorieux, il fit au moins tout ce qu'il dut pour l'être. Ses dispositions étoient telles, que l'Anglois posté dans *Aschaffenbourg*, ville située sur le Mein, ne pouvoit faire le moindre mouvement sans se trouver enveloppé. Le Roi d'Angleterre lui-même ne pouvoit pas éviter d'être pris; mais comme il ne faut qu'un moment pour faire le succès des choses les plus désespérées, il n'en faut qu'un aussi pour faire évanouir les espérances les mieux fondées. Trop d'impatience causée par trop d'ardeur, dérangea les mesures du Maréchal de Noailles, & le plan le plus sublime que Général ait jamais concerté. Un Officier Général, en abandonnant un poste avantageux où il devoit rester, commit une faute irréparable : les Anglois, qu'il tenoit en respect, trouverent bientôt le moyen de défiler en ordre de bataille. Bientôt le combat s'engagea près de *Dettingue* : & ce jour, que la France devoit compter au nombre de ses instans les plus brillans, ne fut pour elle, par la multitude de braves Officiers qui périrent, qu'un jour de deuil & de consternation. La perte des Officiers Anglois ne fut pas moins considérable que la nôtre. Le Comte de Stairs, Ecossois, & l'un des éleves du fameux Duc de Malboroug, commandoit l'armée des ennemis, & mérita d'être opposé au Maréchal de Noailles. Il disoit, en parlant de la bataille : *Je pense que les François ont fait une grande faute, & nous deux : la leur a été de ne savoir pas attendre ; les deux nôtres ont été de nous mettre dans un danger évident d'être perdus, & ensuite de n'avoir pas sû profiter de la victoire.*

Après cette action, les deux Généraux se rencontrerent à Francfort, où ils se donnerent mutuellement des preuves de leur estime. Avant leur entrevue ils s'étoient déjà écrit plusieurs lettres. L'Empereur Charles VII se trouvoit alors dans cette ville : là, privé de ses Etats, accablé de revers, & détestant un titre qui n'étoit pour lui qu'une source de maux, il manquoit des moyens de faire subsister sa famille. Le Maréchal de Noailles, touché de son infortune, lui donna une lettre de crédit de quarante mille écus. Telle étoit la situation de la Majesté Impériale dans un pays qui lui appartenoit.

A-peu-près dans le même temps les troupes de Baviere vinrent se joindre à celles du Maréchal de Noailles. Un pareil secours lui étoit devenu d'autant plus nécessaire, qu'il avoit à la fois deux armées à contenir; l'une faisoit ses efforts pour entrer dans la Haute-Alsace, pendant que l'autre, composée des Alliés, se portoit du côté des Pays-Bas, dans le dessein de faire diversion. Le Maréchal de Noailles sut prendre des mesures si sages & se poster si avantageufement, qu'il rendit inutile, prefque fans agir, les entreprifes des deux armées. Ce fut par une opération auffi habilement combinée, qu'il termina cette campagne : la fin répondit au commencement.

La campagne fuivante fut la premiere de Louis XV. Ce Prince, après avoir gagné le cœur de fes peuples par la douceur de fon gouvernement, voulut rendre fon nom formidable à l'Europe, en triomphant à la tête de fes armées. Secondé du Maréchal de Noailles, il part pour la Flandre; la victoire le précede, & la gloire le fuit. Il fe montre; & déjà *Ypres*, *Menin*, *Courtrai*, & plufieurs autres villes cedent à fes efforts.

Le Roi fe difpofoit à pourfuivre le cours de fes conquêtes, lorfqu'il apprend à Dunkerque que Charles de Lorraine vient de paffer le Rhin avec une armée de foixante mille hommes, & qu'il pénetre fans réfiftance dans l'Alface. Les dangers qui menacent ce pays allarment fa tendreffe : laiffant au Maréchal de Saxe le foin de conferver ce qu'il vient de conquérir, il vole lui-même au fecours de cette Province, & fait prendre les devants au Maréchal de Noailles. Le rendez-vous étoit à Metz : Louis y arrive le 5 du mois d'Août : le 7 il reçoit la nouvelle que le Prince de Lorraine abandonne l'Alface. Déjà la joie commence à renaître dans tous les cœurs : mais bientôt le trouble lui succede. Ce n'eſt plus l'ennemi que l'Alſacien redoute ; un autre ſoin l'afflige : il craint de perdre un Roi qui vient pour le ſauver ; & la France entiere partage ſa douleur.

Pendant que ces choſes ſe paſſoient, le Maréchal de Noailles, forcé par ſon devoir de s'éloigner de ſon maître qu'il laiſſoit expirant, pourſuivoit Charles qui ſe faiſoit admirer en ſe retirant. Il repaſſa le Rhin ſans eſſuyer le moindre échec. Mais ſi l'ennemi s'échappa, ce n'étoit point la faute du Maréchal de Noailles : les circonſtances mirent des entraves à ſon zele. Cependant un Sujet du Roi de Pruſſe ne craignit pas de l'accuſer de lenteur : un Mémoire détaillé de ce qu'il avoit fait heure par heure, juſtifia pleinement ſa conduite.

Ce ſeroit dérober une partie de la gloire du Maréchal de Noailles, que de paſſer ici ſous ſilence un trait qui doit faire époque dans ſon hiſtoire. Pendant que l'Angleterre, la Hollande & la Savoie réunies à l'Allemagne, combattoient contre nous, il engagea le Roi de Pruſſe, ſans que le Miniſtere en eût la moindre connoiſſance, à rompre ſon traité de paix avec la Reine de Hongrie, & à s'attacher aux intérêts de la France. Ce Prince, en attaquant l'Autriche, contribua beaucoup au succès de nos armes en Flandre.

Le Roi commençoit alors à reprendre ses esprits, & ranimoit l'espérance des François. Ses premieres pensées furent pour le Maréchal de Noailles : *Ecrivez-lui de ma part*, disoit-il au Comte d'Argenson, *que pendant qu'on portoit Louis XIII au tombeau, le Prince de Condé gagnoit la bataille de Rocroi.*

Louis, à peine convalescent, voulut, avant de reparoître dans sa Capitale, faire le siege de Fribourg. Toujours aidé du Maréchal de Noailles, il s'empara de cette ville en peu de temps; il revint à Paris après cette expédition. Les transports mêlés de joie & de tendresse avec lesquels on l'y reçut, lui firent éprouver que le plus grand bonheur d'un Souverain est d'être aimé de ses Sujets.

Il n'est pas ordinaire de voir un courtisan sacrifier au bien de l'Etat ses propres intérêts : le Maréchal de Noailles s'oublia souvent lui-même pour ne songer qu'à sa patrie. La France lui étoit redevable de compter parmi ses Héros le Maréchal de Saxe; c'étoit lui qui l'y avoit attiré, & qui lui avoit fait donner de l'emploi. Croyant reconnoître dans le Général

Saxon des talens supérieurs aux siens, il préféra de lui laisser commander les armées, à l'honneur de les commander lui-même. En 1745, on le vit à Fontenoi, en contribuant au gain de la bataille dont il avoit en partie tracé le plan, servir de premier Aide-de-Camp à ce Général étranger. Tant de magnanimité étoit faite pour être sentie par le Maréchal de Saxe : elle excita sa reconnoissance & son admiration, & fut pour deux Grands-Hommes l'occasion de l'union la plus rare & la plus étroite.

Ce fut le 11 Mai que se donna cette fameuse bataille. Le Maréchal de Saxe, épuisé par une hydropisie, n'ayant de libre que la tête, sembloit hors d'état d'agir. Noailles mit sa gloire à le seconder. La mort du Duc de Grammont son neveu, tué au commencement de l'action, presque sous ses yeux, ne put rallentir un moment son zele. Il vit avec bien plus de douleur les périls du Roi, du Dauphin, de tout le royaume, lorsque la colonne Angloise parut invincible, & que le Maréchal de Saxe désespéra presque de l'arrêter; mais au milieu de ces périls, s'oubliant lui-même, il ne fut occupé que du salut de l'Etat. Enfin on se dispose à une attaque mieux concertée que les précédentes. On imagine heureusement de pointer quatre pieces de canon qui entament la colonne. La Maison du Roi fond sur elle rapidement, pénetre, renverse tout ; & Louis XV remporte une victoire complette, après avoir donné des preuves de la plus constante intrépidité. Il fut bientôt maître de Tournai.

La journée de Fontenoi fut le terme des exploits & des travaux guerriers du Maréchal de Noailles. Quelque temps après cette bataille, Louis XV félicitant M. de Saxe sur cet heureux événement, lui dit : « M. le Maréchal, vous gagnez plus à cette » guerre que nous tous ; car avant vous étiez enflé » par tous les membres, & vous jouissez à présent » de la meilleure santé ». Le Maréchal de Noailles, qui étoit alors présent, répondit au Roi : *Il est vrai, Sire, que M. le Maréchal de Saxe est le premier homme que la gloire ait désenflé.*

Je n'entre point dans les détails militaires, connus par d'autres ouvrages, & qui deviennent étrangers au mien. Le Maréchal de Noailles ne commandant plus, ne fournit plus de relations. J'observerai seulement que ses principes de guerre étoient suivis par le Maréchal de Saxe, trop habile Capitaine pour ne pas consulter la prudence dans toutes les entreprises.

Un

Mémoire de celui-ci, fait immédiatement après sa victoire, en offre une preuve intéressante. « Lorsque
» l'on veut agir offensivement, dit le vainqueur de
» Fontenoi, il faut être supérieur; & je ne puis
» entreprendre que par la ruse, à moins de vouloir
» tout mettre au hasard ; ce qui ne convient que
» dans des cas désespérés, tels que l'a été la bataille
» de Fontenoi. Je m'apperçois avec peine que l'igno-
» rance sur les choses de la guerre, l'envie de se
» faire valoir par des projets hardis, dont peu de
» gens connoissent la conséquence & les suites,
» occupent depuis quelques jours les esprits dans
» cette armée. Ils veulent que l'on marche en avant,
» sans faire attention que nous laissons la citadelle
» de Tournai avec une garnison derriere nous, en-
» core moins que nous ne pouvons entreprendre
» aucun siege, qu'il ne soit décidé quel parti M. le
» Duc d'Aremberg (Général des Autrichiens) aura
» pris. Cependant tout le monde veut marcher, tout
» le monde veut aller ; & cet enthousiasme qui est
» contagieux, provient plus de l'envie de faire sa
» cour & de se faire valoir, que de toute autre
» cause ».

L'expérience prouva, comme nous l'avons vu

plus d'une fois, que le temps perdu en apparence à prendre de sages mesures, est un temps gagné pour l'exécution. Gand, Oudenarde, Bruges, Dendermonde, Ostende même, enfin Newport & Ath furent pris dans cette campagne, tant on sut profiter de la victoire & de la terreur qu'elle avoit inspirée aux ennemis.

Ne craignons pas de le dire : les grandes vertus, plus glorieuses que les grandes conquêtes, doivent fixer davantage les regards de la postérité. Noailles, en sacrifiant à la patrie & au Général toute jalousie de commandement, toute passion de gloire personnelle, avoit mérité d'être mis en parallele avec les illustres citoyens de Rome & d'Athenes. Le Maréchal de Saxe ne mérita gueres moins d'éloge, en reconnoissant les obligations qu'il lui avoit. Répondant à une lettre de Noailles, pleine de louanges sur sa campagne : « C'est à vous, dit-il, que les » succès sont dus, n'ayant fait que suivre vos con- » seils : ainsi je vous prie de vouloir bien me traiter » avec plus de bonté ».

Cette union entre deux Généraux si respectables, & qu'on auroit cru devoir se brouiller par rivalité, produisoit une correspondance toujours utile aux affaires, quelquefois consacrée au sentiment.

Le Maréchal de Saxe étoit un des hommes les plus robustes de l'Europe. Le Maréchal de Noailles craignoit toujours qu'il ne comptât trop sur la force de son tempérament; & qu'il en abusât. Il auroit voulu, disoit-il, se liguer avec le Médecin pour lui donner quelques inquiétudes; il demandoit à être instruit exactement de son état; il promettoit de lui dire de bonne foi quand il pourroit vivre en homme parfaitement guéri; mais il vouloit qu'on ne le crût que lorsqu'il le diroit. L'amitié veilloit sur une santé si précieuse au royaume.

« Ma santé, répond le Général, n'est pas encore
» assez bonne, mon maître, pour me donner aucune
» licence que celles que la plaisanterie peut me
» fournir. Je suis même d'avis de n'en jamais prendre
» d'autres. Il y a des plaisirs de tout âge, & encore
» faut-il qu'ils y soient assortis. Il n'y a que ceux
» qu'un bon estomach peut fournir, qui ne soient
» point sujets à cette variation, & qui constamment
» soient de bonne compagnie. Vous jouissez de ce
» bonheur, mon cher maître; & sans vous l'envier
» & sans même l'espérer, je desire un si grand bien.

» Si on me calomnie, & si votre Docteur Sénac
» m'accuse de la moindre chose, de quelque nature
» qu'elle puisse être, c'est un méchant homme. Il
» est inutile qu'il charge le pauvre malade, pour se
» mettre à couvert des reproches assez incertains,
» que le temps qui détruit tout, pourroit lui occa-
» sionner, &c. ».

Dans leur commerce amical, les deux Maréchaux avoient toujours le bien public pour objet. Les conseils de l'un, les exploits militaires de l'autre, devenoient de jour en jour, plus nécessaires à la France. Malgré l'opposition de Louis XV, le Grand-Duc de Toscane venoit d'être élu Empereur. La Reine de Hongrie en étoit plus redoutable; & quoique le Roi de Prusse fût victorieux en Saxe, il falloit s'attendre que ses victoires même ne serviroient qu'à lui procurer une paix particuliere, telle qu'il pouvoit la desirer. A la vérité, le Prince Edouard faisoit des prodiges en Ecosse; on lui avoit envoyé quelques secours d'hommes & d'argent. Mais la haine pour les Stuart & pour leur Religion étoit si forte en Angleterre, que cet orage passager devoit nécessairement finir par la ruine du jeune Héros, & par un redoublement d'efforts contre ses protecteurs. Le Maréchal de Saxe le craignit, & communiqua fes craintes au Maréchal de Noailles.

« Vous êtes bon citoyen, lui dit-il, dans une
» longue lettre de fa main: vous aimez le Roi & vous
» aimez votre patrie; vous connoiffez notre maître:
» on le fait difficilement démordre de ce qu'il a en-
» trepris: ne craignez-vous pas que cet embarque-
» ment de Dunkerque ne nous engage dans un nou-
» veau roman, qui pourroit être bien long à foutenir..?
» Vous direz peut-être, de quoi je me mêle? mais
» j'aime auffi le Roi & fon royaume; & quoique je
» ne duffe demander que plaie & boffe, la vérité
» m'étrangle toujours. Je veux dire cette vérité, dont
» le caractere eft triomphant, & qui à la fin fait
» triompher ceux qui la prennent pour confeil &
» pour guide ».

Le Maréchal de Noailles n'avoit jamais bien auguré de ces entreprifes contre l'Angleterre. Il avoue néanmoins dans fa réponfe, que les fuccès du Prince Édouard ont tellement furpaffé les efpérances, qu'on ne fait plus quelles pourront en être les fuites. « D'ail-
» leurs on croit, dit-il, que la nation eft en partie
» revenue de fa frayeur par rapport à la religion, &
» que les véritables Anglois aimeront mieux avoir

» un prétendant à Hanovre ou en Allemagne, que
» d'en avoir un à Rome ; parce qu'en fuppofant que
» le Prince Edouard monte fur le trône, il feroit bien
» obligé de fe laiffer conduire par le Parlement ; faute
» de quoi, ceux qui auroient travaillé à l'y faire
» monter, feroient des premiers à travailler pour l'en
» faire defcendre ». C'étoit la façon de penfer de la
Cour, plutôt que celle du Maréchal de Noailles,
comme il l'ajoute dans fa lettre ; & c'eft encore une
preuve que les préjugés de la Cour peuvent emporter
la balance.

Elle defiroit avec raifon que le Maréchal de Saxe
profitât, s'il étoit poffible, du découragement des
ennemis, pour étendre fes conquêtes avant la fin de
la campagne, & pour les forcer à fe prêter aux vues
pacifiques de Louis XV. Comme le Roi d'Angleterre
venoit de repaffer dans fon Royaume, & qu'il devoit
probablement rappeller une partie de fes troupes,
dont il auroit befoin contre le Prince Edouard, la
circonftance paroiffoit des plus favorables à ce projet.
Le Maréchal de Noailles, chargé d'en écrire au Général, l'avoit fait dès le commencement de Septembre
1745, de maniere à ne point gêner fon opinion : il

lui propofoit la chofe, en l'avertiffant que c'étoit à lui de pefer les inconvéniens & les avantages.

Le Maréchal de Saxe témoigne, dans fa réponfe, une extrême répugnance pour des entreprifes d'hiver, qui affoibliroient l'armée, dont la confervation eft préférable à toute autre chofe. Il s'offre à faire des démonftrations tant qu'on voudra : il prendra peut-être Bruxelles, mais pourvu qu'on ne l'oblige point à le garder, & qu'il reprenne enfuite fa pofition derriere l'Efcaut : en un mot, il cherche toujours le folide ; il ne goûte poit ces projets trop hafardeux, qui, même après un fuccès brillant, amenent prefque néceffairement le repentir.

Le Maréchal de Noailles n'avoit pas d'autres principes ; mais il infifte fur l'idée de s'emparer de Bruxelles, dût-on le rafer enfuite. Outre que cette expédition auroit un certain éclat, dont les effets font toujours avantageux, elle cauferoit à l'ennemi un préjudice confidérable : Bruxelles deviendroit foumife aux contributions, ne pourroit plus être le fiege du Gouvernement des Pays-Bas : l'Adminiftration Autrichienne en feroit troublée ; & peut-être cela faciliteroit la prife d'Anvers pour la campagne prochaine.

On ne peut douter que ces raifons n'aient décidé

le Maréchal de Saxe. La prise de Bruxelles, au mois de Février 1746, fut un de ses exploits le mieux combiné & le plus vigoureusement exécuté. Avec vingt-huit mille hommes, il obligea une garnison de douze mille à se rendre prisonniere. Le Comte de Kaunitz, Gouveneur, lui ayant écrit pour demander les honneurs de la guerre, il motiva son refus d'une maniere également juste & adroite, capable d'intimider l'ennemi. « Je crains nos propres troupes,
» dit-il; elles sentent leur supériorité, & jusqu'aux
» soldats connoissent les défauts de cette grande ville,
» que j'ignorois, & que peut-être Votre Excellence
» ignore elle-même. Je crains donc que, dans une
» attaque un peu vive, ils ne forcent de toutes parts
» leurs Officiers à marcher; & lorsque je les saurois
» une fois dedans, il faudra bien que j'aille à leur
» secours. Jugez, Monsieur, du désordre & de la
» confusion d'une telle circonstance. Il me seroit triste
» que ma vie fût marquée par une époque telle que
» l'est celle de la destruction d'une capitale. V. E. ne
» sauroit croire jusqu'où le Soldat François pousse
» l'industrie & la hardiesse. J'ai vu plusieurs fois, à
» la reddition des villes, pendant qu'on régloit les
» points de la capitulation, toute la ville se remplir
» de

» de soldats, sans savoir par où ils y étoient entrés....
» Ils sont comme des fourmis, & trouvent des en-
» droits inconnus aux autres. Jugez ce que ce seroit
» dans des occasions où ils auroient le pillage pour
» but, & dans une place mauvaise par elle-même ».

Ce trait vaut mieux dans l'histoire militaire que le journal stérile des tranchées. La modestie du vainqueur, après une si belle expédition, est encore plus remarquable. Il écrivit au Maréchal de Noailles : « Je
» suis charmé du plaisir que vous a donné la nouvelle
» de cette conquête. C'est à vous qu'en qualité de
» disciple, il convient que j'en fasse hommage : je
» dois à ce que j'ai appris de mon maître une partie
» de mes succès ; je me ferai toujours la gloire de
» les lui attribuer ». Si ce n'étoient là que des complimens, je me garderois bien de les rapporter : mais puisqu'il est certain que les conseils du François dirigerent le Saxon, pourquoi douter de la reconnoissance de celui-ci ?

La discorde qui se plaît sur-tout à porter le désordre dans le sein des familles, étoit sur le point, l'année suivante, d'armer le sang contre le sang. Louis, que la guerre affligeoit, malgré l'éclat de ses triomphes, vouloit éviter une rupture ouverte avec le Roi d'Espagne;

le Maréchal de Noailles fut envoyé à Madrid en qualité d'Ambaffadeur extraordinaire, pour négocier un accommodement. Perfonne ne pouvoit mieux remplir le rôle de conciliateur : il connoiffoit les intérêts des deux Couronnes; Philippe lui devoit en quelque forte fon trône, & les Efpagnols leur Roi. Il fe conduifit à la fatisfaction des deux Puiffances, & fit en peu de temps fuccéder le calme à l'orage.

Un mémoire que Philippe V remit au Maréchal de Noailles, pour le Roi feul, étoit une vive expreffion de fes fentimens. Après y avoir rappellé tout ce qu'il devoit à la France, il expofoit la juftice de fa guerre de Lombardie, fes droits à cette partie de la fucceffion Autrichienne; & il fe plaignoit en termes modérés du reproche d'ambition que lui faifoient quelques-uns de nos Miniftres. Voulant bien fe défifter du Milanès & du Mantouan, qu'on lui avoit affurés par le traité de Fontainebleau, il fe montroit perfuadé que le Roi procureroit un équivalent à Dom Philippe. Il difoit que fon honneur, que fa tendreffe pour la Reine, l'obligéoient de ne fe départir jamais de l'article qui affuroit à cette Princeffe, fa vie durant, la jouiffance de l'Etat de Parme. Pour maintenir l'Infant dans fon partage, il propofoit que les deux Couronnes lui fourniffent, par moitié, un fubfide annuel, d'autant plus confidérable que ce partage feroit plus reftreint. Il demandoit, comme la principale preuve d'amitié, que fi l'Efpagne manquoit un jour aux engagemens contractés pour l'Italie, Louis XV voulût bien y fuppléer en cas de befoin. En un mot, il mettoit « pour tous les temps, entre les mains du Roi fon » neveu, le fort de la Reine fon époufe, celui du » Roi D. Carlos & de l'Infant D. Philippe, les plus » tendres & les plus chers dépôts qu'il lui fût poffible » de confier de fon amour & de fon cœur ».

Le Maréchal reçut du Roi & de la Reine les marques d'eftime & de bonté les plus flatteufes. Loin d'ambitionner la toifon d'or pour le Comte de Noailles, compagnon de fes travaux, il craignoit qu'elle ne lui fût donnée, & qu'elle ne parût avoir été un motif de fon voyage; il auroit voulu du moins, fi on lui accordoit cette faveur, que ce ne fût qu'après le départ. Pour ménager à l'un & à l'autre le plaifir de la furprife, on fit une promotion exprès pendant leur féjour. Le Comte avoit reporté le Collier de fon beaupere, le Marquis d'Arpajon, qui s'étoit fignalé en Efpagne dans la guerre de 1701: on le lui donna, & la Reine dit obligeamment : « Il n'y a pas d'exemple

» qu'un pere & un fils aient en même temps la toifon
» d'or; mais le Maréchal de Noailles eft bien fait
» pour les exceptions ». Il prit congé le 7 Juin, ayant
rempli tout l'objet de fon ambaffade, & ayant des
affurances pofitives que l'Efpagne n'avoit aucune négo-
ciation particuliere avec la Cour de Vienne & celle
de Londres.

Miniftre d'Etat, il fe borna depuis à s'occuper des
affaires du Confeil. Les avis qu'il y propofa étoient
fages, lumineux & dirigés uniquement par l'amour
du bien public : il eût été à fouhaiter qu'ils euffent
toujours été fuivis. La guerre s'étant rallumée de
nouveau en 1756, il indiqua le plan de conduite
qu'il lui paroiffoit effentiel de tenir; tant qu'on ne
s'en écarta pas, on eut du fuccès. Il ne fe retira du
Confeil que lorfqu'il vit les malheurs de la France,
& qu'il ne lui fut poffible d'en arrêter le cours.

Le Maréchal de Noailles fervit encore l'Etat en
préfidant long-temps, en qualité de Doyen, au
Tribunal des Maréchaux de France, appellé fi jufte-
ment le Tribunal de l'honneur : il ne l'abandonna
que trois années avant de mourir. Pendant qu'il y
rendit la juftice, il fut très-attentif à maintenir parmi
les Militaires les véritables loix de l'honneur, qu'il

fut bien diftinguer des préjugés qui en ufurpent fouvent la place. Il ne s'appliqua pas moins à réprimer les défordres affreux où entraine prefque toujours la paffion funefte du jeu, & à punir févérement, tant ceux qui en étoient les victimes, que ceux à qui la fortune avoit été trop favorable.

Le Maréchal de Noailles, dont le zele ne s'étoit jamais découragé, fentit enfin que l'âge & les circonftances l'obligeoient à fe retirer du Confeil.

Il écrivit au Roi, le 28 Mars 1756, cette lettre attendriffante :

« S I R E,

« Après avoir vieilli au fervice de Votre Majefté,
» & à celui du feu Roi votre augufte bifaïeul, je
» crains de fuccomber bientôt fous le poids des années
» & des infirmités. Peut-être n'aurai-je plus dans peu
» la force de fentir mon état, moins encore le cou-
» rage d'en faire le trifte aveu, & de prendre en con-
» féquence le parti le plus convenable.

» Depuis long-temps, Sire, je me fens combattre
» par deux fentimens oppofés. A ne confulter que

» les mouvemens de mon cœur, ainsi que le zele
» & l'attachement que j'ai voués à Votre Majesté dès
» l'instant de sa naissance, tout me porteroit à ne
» m'éloigner jamais de sa personne.

» Mais la raison & les plus sérieuses réflexions me
» font sentir que l'heure de la retraite est enfin ar-
» rivée. Mes forces ne répondent plus à mon zele.
» Votre Majesté est témoin elle-même d'une surdité
» qui augmente chaque jour; ma vue s'affoiblit : j'ai
» beaucoup de peine à écrire, & même à lire. Mes
» jambes fléchissent & ne supportent qu'avec peine
» le poids de mon corps. Ce qu'il y a de plus essentiel,
» c'est que les facultés de l'esprit dépérissent avec
» celles du corps. Ma mémoire se perd : j'ai souvent
» peine à rappeller les noms propres les plus ordi-
» naires : je n'ai plus l'esprit aussi présent : les idées
» sont lentes à s'offrir & plus difficiles à se mûrir &
» à se combiner. En un mot, Sire, je sens tous les
» avant-coureurs de la décrépitude, qui m'annoncent
» que je ne dois plus m'occuper que du dernier avenir
» & du soin de m'y préparer.

» Voilà, Sire, dans la plus exacte vérité l'état où
» je me trouve. Je tremble de végéter au milieu de

» votre Cour, d'y faire un perfonnage indécent,
» d'y devenir à charge; & je n'envifage rien de plus
» humiliant que de fe furvivre à foi-même, & de
» ternir ainfi la fin d'une longue carriere.

Tous ces motifs m'engagent, Sire, à fupplier
» Votre Majefte de me permettre de paffer dans la
» retraite & le repos les reftes d'une vie qui a été
» uniquement confacrée à fon fervice & à celui de
» fon Etat.

» J'ofe cependant, Sire, demander à Votre Ma-
» jefté de me conferver mon appartement, afin que
» j'aie la confolation de pouvoir plufieurs fois dans
» l'année lui préfenter mes hommages, & qu'elle
» daigne permettre au plus vieux de fes ferviteurs
» d'approcher de fa perfonne, & de compter au
» nombre de fes jours heureux ceux auxquels il aura
» la fatisfaction de voir un maître, qu'il a toujours
» également chéri & refpecté.

» Du fond de ma retraite, je ne cefferai, Sire,
» d'offrir mes vœux pour la gloire, le bonheur & la
» tranquillité de Votre Majefté.

» Confervez-moi, Sire, vos précieufes bontés.
» Ne doutez jamais de ma parfaite reconnoiffance de

» celles dont je vous suis redevable, ainsi que de toutes
» les graces que j'ai reçues de Votre Majesté. Je la
» conjure de rendre justice à l'attachement sincere,
» au zele ardent que j'ai toujours pour son service,
» que l'âge ne peut éteindre ni amortir, & qui sera
» toujours profondément gravé au fond de mon cœur
» jusqu'à mon dernier soupir ».

Réponse de la main du Roi.

« Mon cousin, quelque peine que je ressente d'être
» privé des conseils & des marques d'un attachement
» qui m'étoit aussi agréable qu'utile, je ne puis qu'ap-
» plaudir au parti que votre sagesse vous fait prendre,
» & je vous accorde la permission que vous me de-
» mandez de vous retirer. Je vous accorde aussi celle
» de garder votre appartement ici, & desire que vous
» en fassiez usage long-temps, & que vous jouissiez
» encore bien du temps de la justice que je rends à
» vos anciens services, & à votre attachement à ma
» personne depuis le jour de ma naissance ; mes bontés
» & ma bienveillance en seront toujours le prix. Sur
» ce, je prie Dieu, &c. A Versailles, le 13 Avril
» 1756 ».

C'étoit

C'étoit le temps où les paſſions prenoient le plus d'empire à la Cour. Le Maréchal de Noailles y devoit paroître déplacé; mais Louis XV conferva pour lui les fentimens qu'il méritoit.

A la fin de 1758, le Maréchal le pria de faire paſſer la charge de Capitaine des Gardes au Duc d'Ayen ſon fils, & d'en accorder la furvivance à ſon petit-fils le Comte (aujourd'hui Duc) d'Ayen. Après avoir donné pour motifs ſon âge de 80 ans, & les ſervices rendus dans cette charge par quatre générations conſécutives de ſa famille, pendant le cours de cent dix années, il ajoute : « Je ne tomberai
» pas, Sire, dans l'inconvénient & le ridicule des
» peres & grands-peres, en vous exaltant le mérite
» & les talens du Comte d'Ayen : je me bornerai à
» dire fimplement à Votre Majefté que juſqu'à préſent
» nous n'avons reconnu en lui que des diſpoſitions
» qui peuvent nous annoncer de quoi faire un très-
» bon ſujet. Il eſt capable d'application ; on a été
» content de lui aux camps de paix, où il a été
» avec ſon régiment. Il a depuis fait deux campa-
» gnes, pendant leſquelles, je ne craindrai pas de
» le dire, perſonne n'a montré plus de volonté ni
» plus d'ardeur pour le métier de la guerre. J'efpere,

» Sire, avec confiance, que Votre Majesté ne fera
» pas moins éprouver de bontés à ma race, que le
» feu Roi en a fait éprouver à mes ancêtres. Mon
» pere n'avoit qu'environ douze ans lorsque Louis XIV
» lui donna la survivance de mon grand-pere ».

Le Roi connoissoit l'abus des survivances : il avoit résolu de le réformer, résolution qui fut peu solide. Mais il jugea, & le public ne pouvoit juger autrement, que ce cas particulier étoit des plus favorables. Sa réponse mérite d'être conservée; la négligence même du style y semble peindre son caractere.

« Mon cousin, vous savez la répugnance que j'ai
» d'accorder des survivances, votre fils sur-tout étant
» plus jeune que moi, & par conséquent devant
» durer plus long-temps. Cependant les services de
» votre famille depuis plus d'un siecle, les vôtres
» rendus à mes peres & à moi, ainsi que votre atta-
» chement à ma personne, me déterminent à vous
» accorder la grace singuliere & derniere que vous
» me demandez. Heureusement le sujet est dans sa
» vingtieme année, (car vous savez qu'à mon âge
» les enfans ne nous vont plus) & qu'il promet;
» & malgré vos quatre-vingts ans accomplis, je me

» flatte que vous lui apprendrez encore du temps à
» me bien fervir & fidélement. Vous favez qu'à
» chaque mutation je diminue les brevets de retenue.
» Ainfi je n'en donnerai qu'un de 400,000 livres
» au Comte d'Ayen votre petit-fils, bien entendu
» que s'il lui arrivoit malheur avant fon pere, &
» que je n'accorde pas fa charge dans fa famille,
» celui qui lui fuccéderoit payeroit les 500,000 liv.
» en entier à la fucceffion du Duc d'Ayen. Un auffi
» zélé & auffi vieux ferviteur peut & doit toujours
» compter fur mes bontés & fur mon amitié : priant
» Dieu qu'il vous ait, mon coufin, en fa fainte &
» digne garde. A Verfailles, le 30 Décembre 1758 ».

Si le Maréchal de Noailles avoit à cœur l'intérêt de fa famille, c'étoit par le mérite qu'il vouloit qu'elle foutînt fon élévation ; & il ne connoiffoit de mérite pour les honneurs, que celui dont la vertu, jointe aux talens, eft la bâfe. Le Comte d'Ayen, allant pour la premiere fois commander fon régiment au camp de paix qui fe formoit fur la Sambre, en 1755, il lui donna une inftruction digne de paffer à la poftérité ; la religion y étoit pure & fans fuperftition, la grandeur d'ame modefte & généreufe, l'art de gagner les cœurs fans intrigue ni foibleffe, la fcience des devoirs unie à la fcience du monde ; en un mot, tout ce qui devoit conduire fon petit-fils à une réputation auffi folide que brillante.

Les traits qu'on vient de raffembler, prouvent évidemment que le Maréchal de Noailles réuniffoit dans un degré fupérieur tous les talens de l'homme public. Comme particulier, il ne fut pas moins digne de fixer les regards de la poftérité.

L'humanité, cette vertu que chacun admire & qu'on exerce fi peu, fut toujours l'ame de fes actions: il fut le pere des Soldats, l'ami des Officiers, & n'abufa jamais de la victoire.

Ses fuccès, fa naiffance, enfin cette grande fupériorité qu'il avoit dans prefque tous les genres, ne furent point des écueils pour fa modeftie : il laiffoit à la médiocrité le foin de fe vanter. Il favoit s'eftimer fans doute, il le devoit; mais il ne parloit de lui qu'avec une réferve finguliere; & comme il n'étoit pas dans le cas d'être flatté pour être loué, les éloges l'importunoient.

Il n'aimoit point à repréfenter ; mais quand les

circonstances l'exigeoient, il s'en acquittoit avec dignité. Il supportoit difficilement le luxe dans les autres, & se piqua toujours de la plus grande simplicité : il étoit paré de ses vertus.

Le Maréchal de Noailles étoit sensible ; il devoit être bienfaisant. Il suffisoit d'être malheureux pour avoir des droits sur sa générosité : sa Province & son Gouvernement en ont souvent ressenti les effets. Il s'intéressoit sur-tout à cette partie précieuse de l'Etat, qui, aux avantages de la naissance, ne réunit pas toujours les faveurs de la fortune, & faisoit répandre sur elle les graces qui émanent du Souverain. Il portoit aux pieds du trône les plaintes des Sujets opprimés, qui y parviennent si difficilement ; il leur servoit d'appui, de défenseur, & leur faisoit rendre la justice qui leur étoit due. Le Laboureur jouissoit à ses yeux de la plus grande considération : il ne pouvoit voir sans indignation que celui qui s'occupe sans cesse de notre existence, manquât souvent des moyens de soutenir la sienne, & s'empressoit d'essuyer ses larmes & de soulager ses besoins.

Le mérite étoit sûr de trouver un accès facile auprès de lui : il l'aidoit même de ses secours, & se faisoit un plaisir d'aller les lui offrir, pour lui sauver l'embarras de venir les réclamer. Il encourageoit les talens, non point en grand Seigneur qui ne cherche qu'à les protéger, mais en homme éclairé, qui sait les apprécier, & en Citoyen plein de zele, qui honore tout ce qui peut tourner à la gloire & à l'utilité de son pays.

Son génie ne pouvoit rester dans l'inaction. En donnant à l'étude des Sciences & de la Littérature les instans de loisir que lui laissoient ses occupations importantes, ou en composant lui-même une infinité d'Ouvrages excellens, qui ne sont que ses actions réduites en principes, il faisoit revivre ces exemples si fréquens parmi les grands Capitaines de l'Antiquité, & si peu suivis de nos jours : c'étoit César travaillant à ses Commentaires après la conquête des Gaules.

Obligé par son rang, ses emplois & ses devoirs, de vivre continuellement à la Cour, il y conserva toujours une ame incorruptible. Il louoit volontiers, mais il ne flattoit jamais, pas même son Prince. Il évitoit soigneusement les intrigues & les cabales qu'il méprisoit, & son esprit ne s'y prêta jamais. Il mérita d'avoir des envieux ; mais il ne fut ennemi de personne.

Le Maréchal de Noailles étoit d'un commerce sûr, & sa société pleine de douceur & d'agrément ; sa conversation vive, enjouée, étoit également instructive. Il parloit de tout avec une aisance qui lui étoit propre, mais sans humilier personne, & sans afficher l'importance ou le savoir. Il écoutoit les autres avec beaucoup de complaisance & d'attention, prenoit le ton de ceux avec lesquels il se trouvoit, & se mettoit toujours à leur portée. A l'exemple de Socrate, il vouloit trouver de l'esprit à tout le monde.

Il ne fut pas moins grand au milieu de sa famille, en la gouvernant par les loix de la confiance & du sentiment & méritant d'en être adoré, que gagnant des batailles à la tête des armées, & se faisant craindre de l'ennemi. Lorsqu'il s'associa la Maréchale de Noailles, c'étoit autant pour l'estimer, l'aimer & faire son bonheur du sien, que par le desir de perpétuer son nom. Aussi bon pere que vertueux époux, il prit le plus grand soin de l'éducation de ses enfans, à laquelle il veilla lui-même, & ne passa jamais d'instans plus agréables que ceux qu'il partageoit avec eux.

Le Maréchal de Noailles se montra toujours très-attaché à la Religion; il ne cessa jusqu'à la fin de ses jours de la respecter dans ses discours, & de la soutenir par ses exemples: libre de soins & de toutes sortes d'emplois, il en fit même, pendant les trois dernieres années de sa vie, le principal objet de sa méditation.

Il dit alors à la Cour un éternel adieu: dans ses instans de repos, il alloit fort souvent se promener à la place de Louis le Grand, à celle de Louis XV, & se rappelloit avec plaisir, à la vue des Statues qui les décorent, des traits fortement gravés dans son cœur. Quelquefois, dirigeant ses pas vers l'Hôtel des Invalides, il y revoyoit avec transport de vieux Soldats témoins, auteurs & compagnons de sa gloire. Son ame n'étoit pas moins émue toutes les fois qu'il paroissoit à l'Ecole Militaire: il aimoit à se représenter comme autant de Héros tous ces jeunes Athletes que la bienfaisance du Prince qui nous gouverne, éleve pour la défense de la Patrie. Il s'entretenoit, pendant ses promenades, avec ceux qui l'accompagnoient, des affaires du Gouvernement; se réjouissoit de ce qui lui arrivoit d'heureux, s'affligeoit de ses calamités,

&

& ne cessoit de faire des vœux pour la félicité des peuples.

Pendant sa retraite, il eut continuellement à gémir sur les maux publics, sur les revers & les humiliations de la France. La vieillesse ne refroidissoit point son zele. Il prenoit aux événemens un vif intérêt, moins de curiosité que de patriotisme. Modeste & réservé dans ses propos, ardent néanmoins pour la gloire du Roi, pour le maintien de l'autorité royale, pour l'honneur de la nation, tous les sentimens qu'il faisoit éclater étoient dignes de ses lumieres & de ses vertus.

Loin du tumulte & des affaires, sa principale occupation fut de mettre en ordre une prodigieuse quantité de manuscrits, dont la plus grande partie étoit le fruit de ses travaux. Il s'amusoit à *paperasser*, disoit-on: plusieurs papiers de ses recueils sont à la vérité fort inutiles; mais cette surabondance a sauvé tout ce qu'il y avoit de précieux; le triage eût sans doute occasionné des pertes. Il connoissoit l'utilité de l'histoire: il en faisoit son étude & son plaisir: je ne doute pas qu'il n'eût en vue de rassembler des matériaux pour celle de son siecle: c'est un nouveau sujet

G

de reconnoissance & d'éloges. On l'exhorta souvent à écrire ses propres Mémoires : il s'en défendit toujours, en répondant qu'il auroit trop de mal à dire de quelques personnes, & trop de bien de lui-même. Si je ne me trompe, la lecture de cet Ouvrage fera juger qu'il avoit raison.

Sa bienfaisance fut toujours active sans chercher l'éclat. Il saisissoit avec ardeur l'occasion de rendre service ; il s'estimoit heureux de consacrer une partie de son revenu à soulager les besoins d'autrui : ses bienfaits étoient d'autant plus dignes de reconnoissance qu'ils étoient moins connus.

L'envie ne lui pardonnoit pas sa fortune. Cependant toutes ses charges venoient de son pere ; & pour peu qu'on réfléchisse au pouvoir & au crédit qu'il avoit eu, il sera bien difficile de refuser des éloges à son désintéressement. Ses biens libres furent entiérement consumés au service du Roi pendant ses campagnes.

C'est par les vertus domestiques, ces vertus si douces, si respectables, & si rares au milieu des grandeurs & des richesses, qu'il se consoloit des chagrins dont il ne pouvoit se garantir. Fils respectueux

& tendre, bon mari, excellent pere, il trouva dans sa famille les sentimens les plus propres à satisfaire son ame. Puisse l'union entre les peres & les enfans, toujours inaltérable dans cette grande famille, servir de modele à toutes les classes de la société !

Tels furent les sentimens dans lesquels le Maréchal de Noailles vit sa derniere heure s'approcher. Il mourut à Paris en 1766, entouré de ses enfans qui pleuroient un ami, & réunissant les années & la sagesse de Nestor.

Il avoit épousé, en 1698, Françoise d'Aubigné, dont il eut six enfans : Louis, Duc de Noailles ; Philippe, Comte de Noailles ; Françoise-Adélaïde, Amable-Gabrielle, Marie-Louise, & Marie-Anne-Françoise de Noailles.

Le Maréchal de Noailles n'est pas mort tout entier, il revit aujourd'hui dans ses fils & dans ses petits-fils qui, en héritant de son nom, ont hérité de ses vertus.

F I N.

AVERTISSEMENT

Rester à la dernière page de cet Avertissement.

AVERTISSEMENT

Relatif à la Galerie universelle des Hommes & des Femmes célèbres.

L'accueil plein d'indulgence que le Public daigne faire à la Galerie universelle des Hommes & des Femmes célèbres, est un encouragement trop précieux pour n'y pas répondre avec une activité soutenue. Cependant On est libre de souscrire pour la totalité, ou de commencer à l'époque qu'on choisit à son goût. On en trouve des Exemplaires chez M. le Comte DE LA PLATIERE, en son Hôtel, rue Meslée, & chez Godefroy, Libraire, quai des Augustins.